기독교문서선교회 (Christian Literature Center: 약칭 CLC)는 1941년 영국 콜체스터에서 켄 아담스에 의해 시작되었으며 국제 본부는 미국 필라델피아에 있습니다.
국제 CLC는 59개 나라에서 180개의 본부를 두고, 약 650여 명의 선교사들이 이동도서차량 40대를 이용하여 문서 보급에 힘쓰고 있으며 이메일 주문을 통해 130여 국으로 책을 공급하고 있습니다. 한국 CLC는 청교도적 복음주의 신학과 신앙서적을 출판하는 문서선교기관으로서, 한 영혼이라도 구원되길 소망하면서 주님이 오시는 그날까지 최선을 다할 것입니다.

손종희 히브리어
백백백 이미지 히단어 **1**

Hebrew Vocabulary for the Old Testament in Images
Written by JongHee Son
All rights reserved.
Copyright ⓒ 2021 by Christian Literature Center, Seoul, Korea.

손종희 히브리어
백백백 이미지 히단어 ❶

2021년 12월 27일 초판발행

지 은 이 | 손종희

편　　집 | 구부회, 황평화
디 자 인 | 서민정
펴 낸 곳 | (사)기독교문서선교회
등　　록 | 제16-25호(1980.1.18.)
주　　소 | 서울특별시 서초구 방배로 68
전　　화 | 02-586-8761~3(본사) 031-942-8761(영업부)
팩　　스 | 02-523-0131(본사) 031-942-8763(영업부)
이 메 일 | clckor@gmail.com
홈페이지 | www.clcbook.com
송금계좌 | 기업은행 073-000308-04-020 (사)기독교문서선교회
일련번호 | 2021-107

ISBN 978-89-341-2358-3 (14790)
　　　 978-89-341-2357-6 (세트)

이 책의 저작권은 (사)기독교문서선교회가 소유합니다. 신저작권법에 의하여 한국 내에서 보호받는 저작물이므로 무단 전재와 무단 복제를 금합니다.

손종희 히브리어

백 백 백
이 미 지
히 단 어

명사, 형용사, 부사 편 **1**

손종희 지음

CLC

머리말

하나님의 말씀인 성경을 원어로 읽는 것은 목회자들뿐만 아니라 모든 크리스천의 꿈입니다. 성경의 진리를 왜곡 없이 그 오묘한 말씀의 깊이 그대로 알고 싶다면, 번역본이 아니라 반드시 원어 성경을 읽어야만 합니다.

성경을 번역본으로 읽으면 흑백 텔레비젼을 보듯이 하나님의 말씀을 평면적으로 알 수밖에 없습니다. 그러나 원어로 읽는다면 3D TV를 보는 것처럼 입체적으로 그분의 음성을 들으며, 그분과 손잡고 갈릴리 바다를 거닐며, 조그마한 뉘앙스도 놓치지 않고 그분의 향기를 느낄 수 있습니다.

이것이 얼마나 거룩한 일이며, 얼마나 높은 차원의 영적 성취도입니까!

물론 원어로 성경을 읽는 작업은 낯선 외국어 문법과 싸워야만 하는 고달픈 노력이 필요합니다. 그렇지만 성경 원문에 담긴 하나님의 말씀은 우리의 올바른 신앙을 위해 매우 소중한 것이기에, 그러한 노력은 신앙의 궁극적 관심을 더 깊이 깨닫기 위한 아름다운 고뇌인 것입니다.

강단에서 선포되는 말씀이 하나님의 자녀들에게 '올바르게 전달'될 수 있도록 하기 위해서, 엄청난 시간을 책상에 앉아 원어를 연구하는 모든 사람에게 조금이나마 도움이 되고자 세상에서 가장 쉬운

'손종희 히브리어 시리즈'를 기획하였습니다. 〈한국 교회여! 성경을 원어로 읽자!〉라는 슬로건을 내걸고, 손종희 히브리어의 대중화 바람을 일으키고자 하는 사명의 일환으로 근간을 포함해, '백백백 시리즈 ❶❷'가 탄생하게 되었습니다.

외국어 정복의 지름길은 먼저 필수단어를 정복하는 일입니다.

히브리어 사전을 펼쳐 놓고 수많은 단어를 무작정 열심히 외우시겠습니까?

시간이 아깝습니다. 최소의 시간에 최대의 단어를 습득할 수 있도록 효과적으로 외워야만 합니다. 이 책은 구약성경 히브리어 정복에 꼭 필요한 필수어휘 200개를 빈도수와 중요도에 따라 엄선하여 2권의 시리즈로 엮었습니다. 사람이 보고 듣는 정보는 15퍼센트만 기억에 남지만, 이미지가 더해지면 약 89퍼센트를 기억해 냅니다. 그래서 히브리어 단어가 쉽게 쉽게 암기되도록 이미지를 결합해 '4단계 연상 학습법'(4-Step System)을 적용했습니다.

히브리어에 대한 막연한 두려움과 부담감이 있으신가요?

주저하지 말고 이 책으로 도전하십시오. 천리 길도 한 걸음부터라고 했습니다. 이 책을 집어든 순간, 이제 히브리어 원어 성경은 당신의 것입니다.

이 책이 나오기까지 많은 지인의 도움과 격려가 있었습니다. 우선 필자를 그리스 국비 장학생으로 초청하여 12년이란 기나긴 유학 생활에 아무런 어려움이 없도록 분에 넘치는 지원을 아끼지 않았던 그리스 외무부 당국(I.K.Y.)과 아리스토텔레스대학교 당국의 사랑에 깊은 예를 표합니다. 이와 함께 박사 과정의 동료로서 성경에 미쳐 밤낮을 잊은 채 캠퍼스에서 토론하며 동고동락했던, 지금은 아리스토텔레스대학교 신학부의 교수들로 재직하고 있는 친구 G. 모스호스(G. Moschos)와 A. 하라람보스(A. Charalampos)의 얼굴이

아른거립니다.

특히 3살 때 부모를 따라 유럽으로 건너가 한국을 모른 채 외국에서만 살았는데도, 모든 장벽을 극복하고 연세대학교 국제학부에서 전액 장학금을 받으며 최우수상으로 졸업하여 엄마의 무거운 짐을 벗어 준 딸 하은에게 깊은 사랑을 전합니다. 아울러 10년이 넘는 녹록치 않은 그리스 유학 생활을 늘 기쁨으로 격려하며, 나의 삶과 학문의 반려자로 언제나 응원의 박수를 마다치 않는 남편 유복곤 박사에게 고마움을 전합니다. 또한, 이 책의 출판을 허락해 주신 기독교문서선교회(CLC) 대표 박영호 목사님과 직원분들께 감사드립니다.

아무쪼록, 이 책을 나의 멘토 되시는 지도교수 밀티아디스 콘스탄티누(Miltiadis Constantinou, 그리스 아리스토텔레스대학교) 교수님께 삼가 바칩니다.

2021년 지중해의 가을,
알렉산더 대왕의 고향, 펠라에서
손 종 희

약어표

히	히브리어
명	명사
대	대명사
형	형용사
부	부사
동	동사
전	전치사
접	접속사
수	수사
부정	부정어

목차

머리말 　　／ 4
약어표 　　／ 7

제1부: 백백백 품사별 히단어 암기　　／ 9

Unit 1　　명사 필수단어 80개　　／ 10
Unit 2　　형용사 필수단어 10개　　／ 174
Unit 3　　부사 필수단어 10개　　／ 196

제2부: 백백백 알파벳 순서 히단어 암기　　／ 218

부록: 백백백 히단어 암기표　　／ 234

참고도서　　／ 239

제1부

백백백

품사별 히단어 암기

Unit 1

필수단어 80개 암기

Unit 1 | 명사

001 이게 히브리어로 뭐지?

 그림으로 히단어를 연상해 보세요!

 영어로 히단어를 연상해 보세요!

YHWH

 **큰소리로 읽으면서 히단어를 꼬옥 외우세요!**

יְהוָה

[아도나이]

| 명 | ① **여호와**, 야훼(YHWH)
② 주(LORD) |

☞ 이 단어는 구약성경에 6828번 등장합니다.

 히단어를 직접 따라 써 보세요!

Unit 1 | 명사

002 이게 히브리어로 뭐지?

 그림으로 히단어를 연상해 보세요!

 영어로 히단어를 연상해 보세요!

son

 **큰소리로 읽으면서 히단어를 꼬옥 외우세요!**

[벤]

| 명 | ① 아들(son)
② 자손, 후손(descendant) |

☞ 이 단어는 구약성경에 4932번 등장합니다.

 히단어를 직접 따라 써 보세요!

Unit 1 | 명사

003 이게 히브리어로 뭐지?

잠깐 그림으로 히단어를 연상해 보세요!

잠깐 영어로 히단어를 연상해 보세요!

king

 **큰소리로 읽으면서 히단어를 꼬옥 외우세요!**

[멜레크]

| 명 | ① 왕(king)
② 통치자(ruler) |

☞ 이 단어는 구약성경에 2528번 등장합니다.

 히단어를 직접 따라 써 보세요!

Unit 1 | 명사

004 이게 히브리어로 뭐지?

잠깐 그림으로 히단어를 연상해 보세요!

잠깐 영어로 히단어를 연상해 보세요!

God

 **큰소리로 읽으면서 히단어를 꼬옥 외우세요!**

אֱלֹהִים

[엘로힘]

| 명 | ① 하나님(God)
② 신들(gods) |

 이 단어는 구약성경에 2600번 등장합니다.

 히단어를 직접 따라 써 보세요!

אֱלֹהִים אֱלֹהִים

אֱלֹהִים אֱלֹהִים

אֱלֹהִים אֱלֹהִים

אֱלֹהִים אֱלֹהִים

Unit 1 | 명사

005 이게 히브리어로 뭐지?

잠깐 그림으로 히단어를 연상해 보세요!

잠깐 영어로 히단어를 연상해 보세요!

Israel

 **큰소리로 읽으면서 히단어를 꼬옥 외우세요!**

[이쓰라엘]

| 명 | 이스라엘(Israel) |

☞ 이 단어는 구약성경에 2506번 등장합니다

 히단어를 직접 따라 써 보세요!

יִשְׂרָאֵל יִשְׂרָאֵל
יִשְׂרָאֵל יִשְׂרָאֵל
יִשְׂרָאֵל יִשְׂרָאֵל
יִשְׂרָאֵל יִשְׂרָאֵל

Unit 1 | 명사

 이게 히브리어로 뭐지?

 그림으로 히단어를 연상해 보세요!

 영어로 히단어를 연상해 보세요!

earth

 큰소리로 읽으면서 히단어를 꼬옥 외우세요!

[에레쯔]

| 명 | 땅, 흙(earth, soil) |

☞ 이 단어는 구약성경에 2504번 등장합니다.

 히단어를 직접 따라 써 보세요!

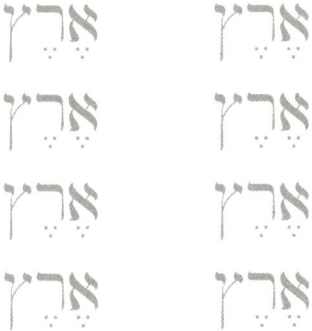

Unit 1 | 명사

007 이게 히브리어로 뭐지?

 그림으로 히단어를 연상해 보세요!

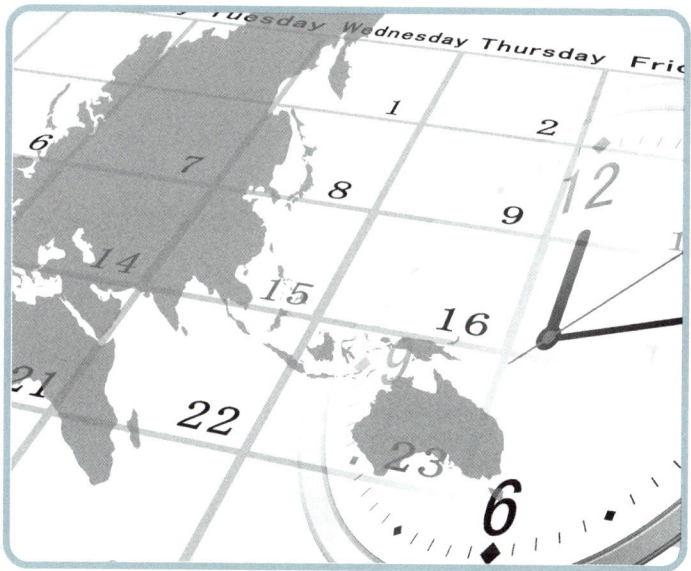

 영어로 히단어를 연상해 보세요!

 큰소리로 읽으면서 히단어를 꼬옥 외우세요!

יוֹם

[욤]

명
① **날**, 낮(day)
② 때(time)

☞ 이 단어는 구약성경에 2300번 등장합니다.

 히단어를 직접 따라 써 보세요!

יוֹם	יוֹם
יוֹם	יוֹם
יוֹם	יוֹם
יוֹם	יוֹם

Unit 1 | 명사

008 이게 히브리어로 뭐지?

 그림으로 히단어를 연상해 보세요!

 영어로 히단어를 연상해 보세요!

man

 **큰소리로 읽으면서 히단어를 꼭 외우세요!**

אִישׁ

[이쉬]

 명
① **남자**(man), 사람
② **남편**(husband)

☞ 이 단어는 구약성경에 2185번 등장합니다.

 히단어를 직접 따라 써 보세요!

אִישׁ	אִישׁ
אִישׁ	אִישׁ
אִישׁ	אִישׁ
אִישׁ	אִישׁ

Unit 1 | 명사

009 이게 히브리어로 뭐지?

잠깐 그림으로 히단어를 연상해 보세요!

잠깐 영어로 히단어를 연상해 보세요!

face

 **큰소리로 읽으면서 히단어를 꼬옥 외우세요!**

[파네]

명
① **얼굴**(face)
② 앞, 정면, **면전**(front)

☞ 이 단어는 구약성경에 2126번 등장합니다.

 히단어를 직접 따라 써 보세요!

Unit 1 | 명사

010 이게 히브리어로 뭐지?

 그림으로 히단어를 연상해 보세요!

 영어로 히단어를 연상해 보세요!

house

 큰소리로 읽으면서 히단어를 꼬옥 외우세요!

[바이트]

명 | 집(house)

☞ 이 단어는 구약성경에 2050번 등장합니다.

 히단어를 직접 따라 써 보세요!

Unit 1 | 명사

011
이게 히브리어로 뭐지?

 그림으로 히단어를 연상해 보세요!

 영어로 히단어를 연상해 보세요!

people

 큰소리로 읽으면서 히단어를 꼬옥 외우세요!

עַם

[암]

명 **백성**(people), **민족**(nation)

☞ 이 단어는 구약성경에 1867번 등장합니다.

 히단어를 직접 따라 써 보세요!

עַם	עַם
עַם	עַם
עַם	עַם
עַם	עַם

Unit 1 | 명사

012 이게 히브리어로 뭐지?

 그림으로 히단어를 연상해 보세요!

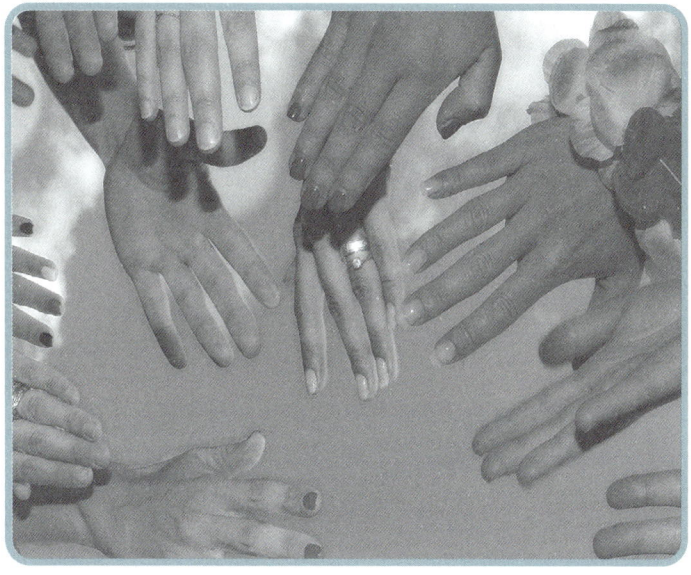

 영어로 히단어를 연상해 보세요!

hand

 큰소리로 읽으면서 히단어를 꼬옥 외우세요!

[야드]

명 손(hand)

☞ 이 단어는 구약성경에 1617번 등장합니다.

 히단어를 직접 따라 써 보세요!

Unit 1 | 명사

이게 히브리어로 뭐지?

그림으로 히단어를 연상해 보세요!

영어로 히단어를 연상해 보세요!

word

 **큰소리로 읽으면서 히단어를 꼬옥 외우세요!**

[다바르]

| 명 | ① 말씀, 말(word)
② 일(affair), 사건(thing) |

☞ 이 단어는 구약성경에 1442번 등장합니다.

 히단어를 직접 따라 써 보세요!

Unit 1 | 명사

014 이게 히브리어로 뭐지?

 그림으로 히단어를 연상해 보세요!

 영어로 히단어를 연상해 보세요!

father

 **큰소리로 읽으면서 히단어를 꼬옥 외우세요!**

[아브]

 ① **아버지**(father)
② 조상(ancestor)

☞ 이 단어는 구약성경에 1210번 등장합니다.

 히단어를 직접 따라 써 보세요!

Unit 1 | 명사

015 이게 히브리어로 뭐지?

 그림으로 히단어를 연상해 보세요!

 영어로 히단어를 연상해 보세요!

city

 큰소리로 읽으면서 히단어를 꼬옥 외우세요!

עִיר

[이르]

명 도시, 성(city, town)

☞ 이 단어는 구약성경에 1092번 등장합니다.

 히단어를 직접 따라 써 보세요!

עִיר	עִיר
עִיר	עִיר
עִיר	עִיר
עִיר	עִיר

Unit 1 | 명사

이게 히브리어로 뭐지?

그림으로 히단어를 연상해 보세요!

영어로 히단어를 연상해 보세요!

eye

 큰소리로 읽으면서 히단어를 꼬옥 외우세요!

[아인]

명 ① 눈(eye)
② 샘(fountain)

☞ 이 단어는 구약성경에 890번 등장합니다.

 히단어를 직접 따라 써 보세요!

עַיִן	עַיִן
עַיִן	עַיִן
עַיִן	עַיִן
עַיִן	עַיִן

Unit 1 | 명사

017

 그림으로 히단어를 연상해 보세요!

March 2021

wk	Sun	Mon	Tue	Wed	Thu	Fri	Sat
9		1	2	3	4	5	6
10	7	8	9	10	11	12	13
11	14	15	16	17	18	19	20
12	21	22	23	24	25	26	27
13	28	29	30	31			

 영어로 히단어를 연상해 보세요!

year

 **큰소리로 읽으면서 히단어를 꼬옥 외우세요!**

[샤나]

명 해, 년(year)

☞ 이 단어는 구약성경에 875번 등장합니다.

 히단어를 직접 따라 써 보세요!

Unit 1 | 명사

018 이게 히브리어로 뭐지?

 그림으로 히단어를 연상해 보세요!

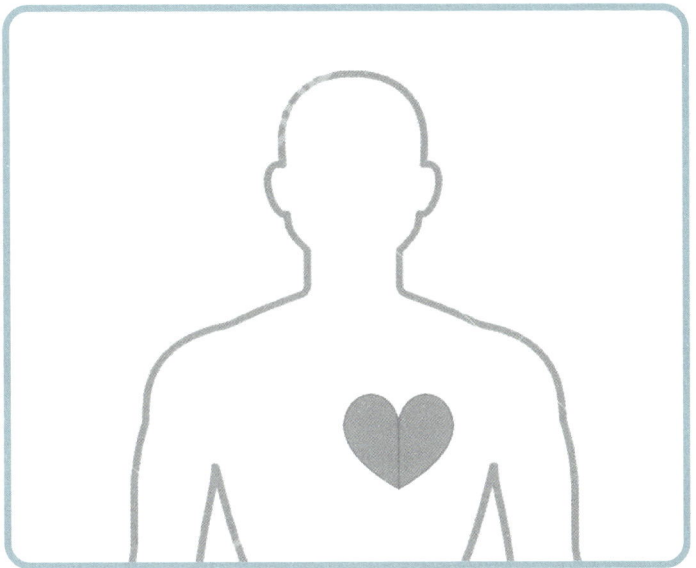

 영어로 히단어를 연상해 보세요!

heart

 **큰소리로 읽으면서 히단어를 꼬옥 외우세요!**

[레브/레바브]

| 명 | **마음**, 심장(heart) |

☞ 이 단어는 구약성경에 852번 등장합니다.

 히단어를 직접 따라 써 보세요!

Unit 1 | 명사

019 이게 히브리어로 뭐지?

 그림으로 히단어를 연상해 보세요!

 영어로 히단어를 연상해 보세요!

name

 큰소리로 읽으면서 히단어를 꼬옥 외우세요!

[쉠]

| 명 | ① **이름**(name)
② 셈(Shem), 노아의 아들 |

☞ 이 단어는 구약성경에 881번 등장합니다.

 히단어를 직접 따라 써 보세요!

Unit 1 | 명사

020 이게 히브리어로 뭐지?

 그림으로 히단어를 연상해 보세요!

 영어로 히단어를 연상해 보세요!

servant

 큰소리로 읽으면서 히단어를 꼭 외우세요!

[에베드]

| 명 | 종(servant), 노예(slave) |

☞ 이 단어는 구약성경에 806번 등장합니다.

 히단어를 직접 따라 써 보세요!

עֶבֶד	עֶבֶד
עֶבֶד	עֶבֶד
עֶבֶד	עֶבֶד
עֶבֶד	עֶבֶד

021 이게 히브리어로 뭐지?

 그림으로 히단어를 연상해 보세요!

 영어로 히단어를 연상해 보세요!

woman

 **큰소리로 읽으면서 히단어를 꼭 외우세요!**

[잇샤]

명 ① **여자**(woman)
② 아내, 부인(wife)

☞ 이 단어는 구약성경에 781번 등장합니다.

 히단어를 직접 따라 써 보세요!

Unit 1 | 명사

022

이게 히브리어로 뭐지?

 그림으로 히단어를 연상해 보세요!

 영어로 히단어를 연상해 보세요!

Lord

 **큰소리로 읽으면서 히단어를 꼬옥 외우세요!**

[아돈]

명
① **주님**(Lord)
② 주, 주인(lord, master)

☞ 이 단어는 구약성경에 773번 등장합니다.

 히단어를 직접 따라 써 보세요!

Unit 1 | **명사**

023 이게 히브리어로 뭐지?

잠깐 그림으로 히단어를 연상해 보세요!

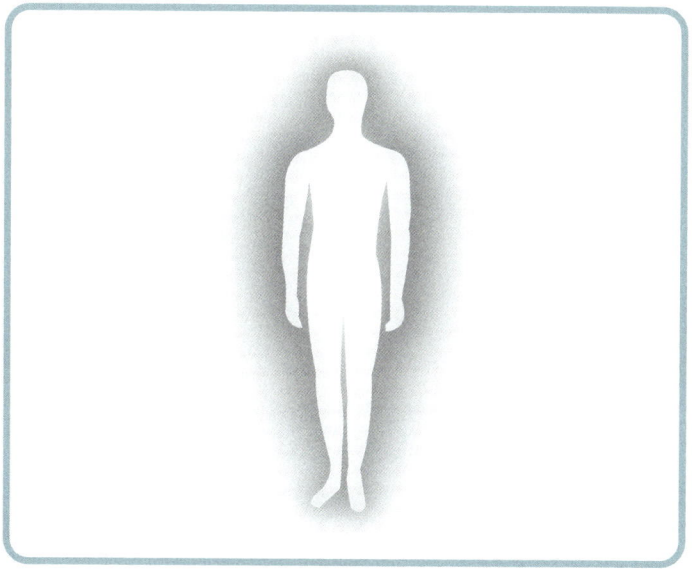

잠깐 영어로 히단어를 연상해 보세요!

soul

 **큰소리로 읽으면서 히단어를 꼬옥 외우세요!**

[네페쉬]

| 명 | ① **(영)혼**(soul)
② 목숨, 생명(life) |

☞ 이 단어는 구약성경에 754번 등장합니다.

 히단어를 직접 따라 써 보세요!

נֶפֶשׁ	נֶפֶשׁ
נֶפֶשׁ	נֶפֶשׁ
נֶפֶשׁ	נֶפֶשׁ
נֶפֶשׁ	נֶפֶשׁ

Unit 1 | 명사

024 이게 히브리어로 뭐지?

잠깐 그림으로 히단어를 연상해 보세요!

잠깐 영어로 히단어를 연상해 보세요!

priest

 **큰소리로 읽으면서 히단어를 꼬옥 외우세요!**

[코헨]

| 명 | **제사장**(priest) |

☞ 이 단어는 구약성경에 750번 등장합니다.

 히단어를 직접 따라 써 보세요!

כֹּהֵן   כֹּהֵן

כֹּהֵן   כֹּהֵן

כֹּהֵן   כֹּהֵן

כֹּהֵן   כֹּהֵן

Unit 1 | 명사

025 이게 히브리어로 뭐지?

잠깐 그림으로 히단어를 연상해 보세요!

잠깐 영어로 히단어를 연상해 보세요!

way

 큰소리로 읽으면서 히단어를 꼬옥 외우세요!

[데레크]

명 ① 길(way)
　　② 여행(journey)

 이 단어는 구약성경에 706번 등장합니다.

 히단어를 직접 따라 써 보세요!

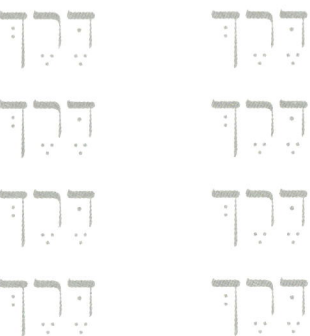

Unit 1 | 명사

026 이게 히브리어로 뭐지?

 그림으로 히단어를 연상해 보세요!

 영어로 히단어를 연상해 보세요!

Jerusalem

 큰소리로 읽으면서 히단어를 꼬옥 외우세요!

יְרוּשָׁלַ͏ִם

[예루샬라임]

명 **예루살렘**(Jerusalem)

☞ 이 단어는 구약성경에 643번 등장합니다.

 히단어를 직접 따라 써 보세요!

יְרוּשָׁלַ͏ִם	יְרוּשָׁלַ͏ִם
יְרוּשָׁלַ͏ִם	יְרוּשָׁלַ͏ִם
יְרוּשָׁלַ͏ִם	יְרוּשָׁלַ͏ִם
יְרוּשָׁלַ͏ִם	יְרוּשָׁלַ͏ִם

Unit 1 | 명사

027 이게 히브리어로 뭐지?

 그림으로 히단어를 연상해 보세요!

 영어로 히단어를 연상해 보세요!

brother

 **큰소리로 읽으면서 히단어를 꼬옥 외우세요!**

[아흐]

| 명 | **형제**, 형, 동생(brother) |

☞ 이 단어는 구약성경에 632번 등장합니다.

 히단어를 직접 따라 써 보세요!

Unit 1 | 명사

028 이게 히브리어로 뭐지?

 그림으로 히단어를 연상해 보세요!

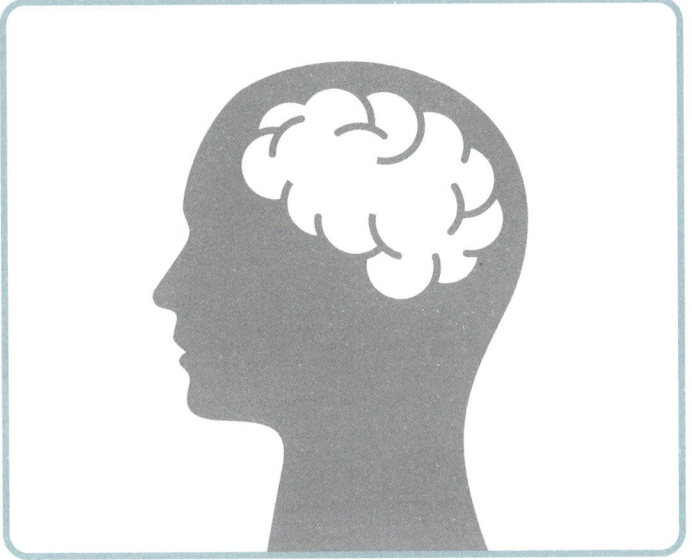

 영어로 히단어를 연상해 보세요!

head

 **큰소리로 읽으면서 히단어를 꼬옥 외우세요!**

[로쉬]

 명
① **머리**(head)
② 우두머리(chief)
③ 꼭대기(top)

☞ 이 단어는 구약성경에 612번 등장합니다.

 히단어를 직접 따라 써 보세요!

רֹאשׁ	רֹאשׁ
רֹאשׁ	רֹאשׁ
רֹאשׁ	רֹאשׁ
רֹאשׁ	רֹאשׁ

Unit 1 | 명사

029 이게 히브리어로 뭐지?

 그림으로 히단어를 연상해 보세요!

 영어로 히단어를 연상해 보세요!

daughter

 큰소리로 읽으면서 히단어를 꼬옥 외우세요!

[바트]

☞ 이 단어는 구약성경에 597번 등장합니다.

 히단어를 직접 따라 써 보세요!

Unit 1 | 명사

030 이게 히브리어로 뭐지?

잠깐 그림으로 히단어를 연상해 보세요!

잠깐 영어로 히단어를 연상해 보세요!

water

 큰소리로 읽으면서 히단어를 꼬옥 외우세요!

מַיִם

[마임]

| 명 | 물(water) |

☞ 이 단어는 구약성경에 580번 등장합니다.

 히단어를 직접 따라 써 보세요!

מַיִם	מַיִם
מַיִם	מַיִם
מַיִם	מַיִם
מַיִם	מַיִם

Unit 1 | 명사

031 이게 히브리어로 뭐지?

잠깐 그림으로 히단어를 연상해 보세요!

잠깐 영어로 히단어를 연상해 보세요!

Adam

 **큰소리로 읽으면서 히단어를 꼬옥 외우세요!**

אָדָם

[아담]

명
① **아담**(Adam)
② 사람(man), 인류(mankind)

 이 단어는 구약성경에 562번 등장합니다.

 히단어를 직접 따라 써 보세요!

אָדָם	אָדָם
אָדָם	אָדָם
אָדָם	אָדָם
אָדָם	אָדָם

Unit 1 | 명사

032 이게 히브리어로 뭐지?

 그림으로 히단어를 연상해 보세요!

 영어로 히단어를 연상해 보세요!

mountain

 큰소리로 읽으면서 히단어를 꼬옥 외우세요!

הַר

[하르]

명 ① 산(mountain)
② 언덕(hill)

☞ 이 단어는 구약성경에 558번 등장합니다.

 히단어를 직접 따라 써 보세요!

Unit 1 | 명사

033 이게 히브리어로 뭐지?

 그림으로 히단어를 연상해 보세요!

 영어로 히단어를 연상해 보세요!

nation

 **큰소리로 읽으면서 히단어를 꼬옥 외우세요!**

[고이]

| 명 | ① **민족**, 나라(nation),
② 이방민족(gentile) |

☞ 이 단어는 구약성경에 554번 등장합니다.

 히단어를 직접 따라 써 보세요!

Unit 1 | 명사

 이게 히브리어로 뭐지?

 그림으로 히단어를 연상해 보세요!

잠깐 영어로 히단어를 연상해 보세요!

voice

큰소리로 읽으면서 히단어를 꼬옥 외우세요!

[콜]

| 명 | **(목)소리**, 음성(sound, voice) |

☞ 이 단어는 구약성경에 505번 등장합니다.

 히단어를 직접 따라 써 보세요!

קוֹל   קוֹל

קוֹל   קוֹל

קוֹל   קוֹל

קוֹל   קוֹל

Unit 1 | 명사

035 이게 히브리어로 뭐지?

 그림으로 히단어를 연상해 보세요!

 영어로 히단어를 연상해 보세요!

holiness

 큰소리로 읽으면서 히단어를 꼬옥 외우세요!

[코데쉬]

명 **거룩**(holiness)

☞ 이 단어는 구약성경에 469번 등장합니다.

 히단어를 직접 따라 써 보세요!

Unit 1 | 명사

 이게 히브리어로 뭐지?

 그림으로 히단어를 연상해 보세요!

 영어로 히단어를 연상해 보세요!

judgement

 **큰소리로 읽으면서 히단어를 꼬옥 외우세요!**

[미쉬파트]

명
① **심판**(judgement), 재판
② 관습(custom)

☞ 이 단어는 구약성경에 421번 등장합니다.

 히단어를 직접 따라 써 보세요!

מִשְׁפָּט	מִשְׁפָּט
מִשְׁפָּט	מִשְׁפָּט
מִשְׁפָּט	מִשְׁפָּט
מִשְׁפָּט	מִשְׁפָּט

Unit 1 | 명사

037 이게 히브리어로 뭐지?

 그림으로 히단어를 연상해 보세요!

 영어로 히단어를 연상해 보세요!

heaven

 큰소리로 읽으면서 히단어를 꼬옥 외우세요!

[샤마임]

 하늘(heaven)

☞ 이 단어는 구약성경에 421번 등장합니다.

 히단어를 직접 따라 써 보세요!

Unit 1 | 명사

038 이게 히브리어로 뭐지?

 그림으로 히단어를 연상해 보세요!

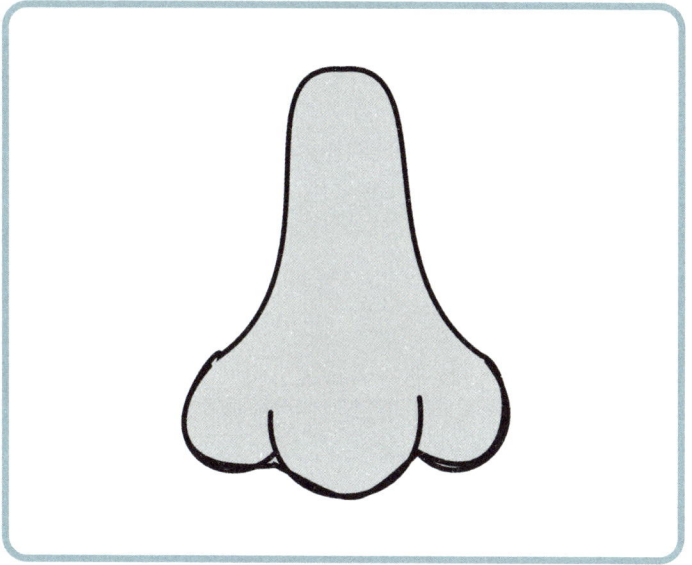

 영어로 히단어를 연상해 보세요!

nose

 큰소리로 읽으면서 히단어를 꼬옥 외우세요!

[아프]

 명
① 코(nose)
② 분노(wrath)

☞ 이 단어는 구약성경에 414번 등장합니다.

 히단어를 직접 따라 써 보세요!

Unit 1 | 명사

039 이게 히브리어로 뭐지?

 그림으로 히단어를 연상해 보세요!

 영어로 히단어를 연상해 보세요!

altar

 큰소리로 읽으면서 히단어를 꼬옥 외우세요!

[미즈베아흐]

| 명 | 제단(altar) |

☞ 이 단어는 구약성경에 401번 등장합니다.

 히단어를 직접 따라 써 보세요!

Unit 1 | 명사

040

 그림으로 히단어를 연상해 보세요!

 영어로 히단어를 연상해 보세요!

sea

 **큰소리로 읽으면서 히단어를 꼬옥 외우세요!**

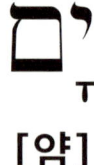

[얌]

| 명 | 바다(sea) |

☞ 이 단어는 구약성경에 396번 등장합니다.

 히단어를 직접 따라 써 보세요!

Unit 1 | 명사

 이게 히브리어로 뭐지?

 그림으로 히단어를 연상해 보세요!

 영어로 히단어를 연상해 보세요!

spirit

 **큰소리로 읽으면서 히단어를 꼬옥 외우세요!**

[루아흐]

| 명 | ① 영, 영혼(spirit)
 ② 호흡(breath)
 ③ 바람(wind) |

☞ 이 단어는 구약성경에 378번 등장합니다.

 히단어를 직접 따라 써 보세요!

Unit 1 | 명사

042 이게 히브리어로 뭐지?

 그림으로 히단어를 연상해 보세요!

 영어로 히단어를 연상해 보세요!

blood

 **큰소리로 읽으면서 히단어를 꼬옥 외우세요!**

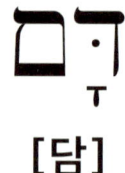

[담]

| 명 | 피(blood) |

☞ 이 단어는 구약성경에 360번 등장합니다.

 히단어를 직접 따라 써 보세요!

דָּם דָּם

דָּם דָּם

דָּם דָּם

דָּם דָּם

Unit 1 | 명사

 이게 히브리어로 뭐지?

 그림으로 히단어를 연상해 보세요!

 영어로 히단어를 연상해 보세요!

evil

 큰소리로 읽으면서 히단어를 꼬옥 외우세요!

רָעָה

[라아]

명
① **악**(evil)
② 재앙(disaster)

 이 단어는 구약성경에 354번 등장합니다.

 히단어를 직접 따라 써 보세요!

רָעָה	רָעָה
רָעָה	רָעָה
רָעָה	רָעָה
רָעָה	רָעָה

Unit 1 | 명사

044 이게 히브리어로 뭐지?

잠깐 그림으로 히단어를 연상해 보세요!

잠깐 영어로 히단어를 연상해 보세요!

tent

 **큰소리로 읽으면서 히단어를 꼬옥 외우세요!**

[오헬]

| 명 | **장막**, 회막(tent) |

☞ 이 단어는 구약성경에 346번 등장합니다.

 히단어를 직접 따라 써 보세요!

Unit 1 | 명사

 이게 히브리어로 뭐지?

 그림으로 히단어를 연상해 보세요!

 영어로 히단어를 연상해 보세요!

war

 **큰소리로 읽으면서 히단어를 꼬옥 외우세요!**

[밀하마]

| 명 | **전쟁**(war) |

☞ 이 단어는 구약성경에 319번 등장합니다.

 히단어를 직접 따라 써 보세요!

מִלְחָמָה   מִלְחָמָה

מִלְחָמָה   מִלְחָמָה

מִלְחָמָה   מִלְחָמָה

מִלְחָמָה   מִלְחָמָה

Unit 1 | 명사

046 이게 히브리어로 뭐지?

잠깐 그림으로 히단어를 연상해 보세요!

잠깐 영어로 히단어를 연상해 보세요!

prophet

 큰소리로 읽으면서 히단어를 꼬옥 외우세요!

[나비]

명 **선지자**, 예언자(prophet)

☞ 이 단어는 구약성경에 316번 등장합니다.

 히단어를 직접 따라 써 보세요!

נָבִיא	נָבִיא
נָבִיא	נָבִיא
נָבִיא	נָבִיא
נָבִיא	נָבִיא

Unit 1 | 명사

047 이게 히브리어로 뭐지?

 그림으로 히단어를 연상해 보세요!

 영어로 히단어를 연상해 보세요!

time

 큰소리로 읽으면서 히단어를 꼬옥 외우세요!

[애트]

| 명 | 시간, 때(time) |

☞ 이 단어는 구약성경에 296번 등장합니다.

 히단어를 직접 따라 써 보세요!

עֵת   עֵת

עֵת   עֵת

עֵת   עֵת

עֵת   עֵת

Unit 1 | 명사

048 이게 히브리어로 뭐지?

 그림으로 히단어를 연상해 보세요!

 영어로 히단어를 연상해 보세요!

sin

 큰소리로 읽으면서 히단어를 꼬옥 외우세요!

חַטָּאת

[핫타트]

명
① 죄(sin)
② 속죄제(sin offering)

 이 단어는 구약성경에 293번 등장합니다

 히단어를 직접 따라 써 보세요!

חַטָּאת	חַטָּאת
חַטָּאת	חַטָּאת
חַטָּאת	חַטָּאת
חַטָּאת	חַטָּאת

Unit 1 | 명사

049 이게 히브리어로 뭐지?

잠깐 그림으로 히단어를 연상해 보세요!

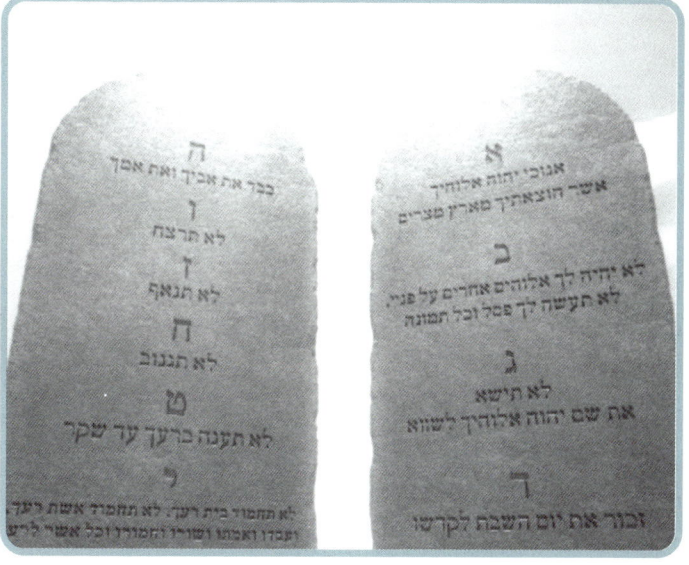

잠깐 영어로 히단어를 연상해 보세요!

covenant

 **큰소리로 읽으면서 히단어를 꼬옥 외우세요!**

[베리트]

| 명 | **계약, 언약**(covenant) |

☞ 이 단어는 구약성경에 284번 등장합니다.

 히단어를 직접 따라 써 보세요!

בְּרִית   בְּרִית

בְּרִית   בְּרִית

בְּרִית   בְּרִית

בְּרִית   בְּרִית

Unit 1 | 명사

050 이게 히브리어로 뭐지?

 그림으로 히단어를 연상해 보세요!

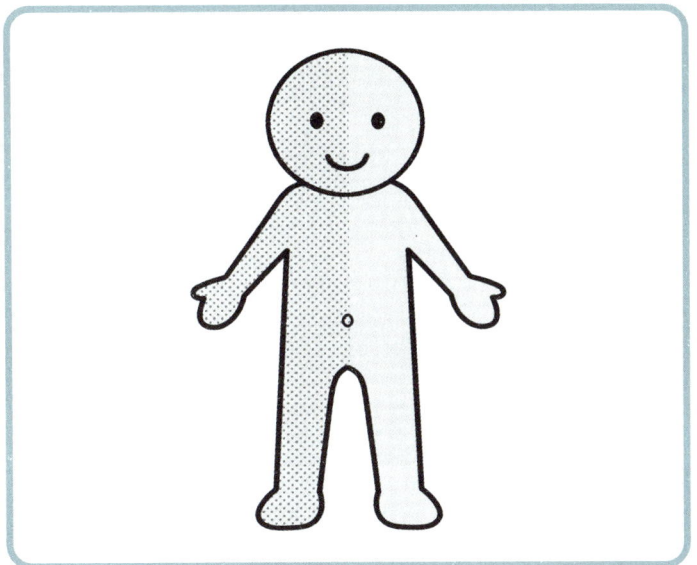

 영어로 히단어를 연상해 보세요!

flesh

 **큰소리로 읽으면서 히단어를 꼬옥 외우세요!**

[바싸르]

| 명 | ① 살, **육체**(flesh)
② **고기**(meat) |

☞ 이 단어는 구약성경에 270번 등장합니다.

 히단어를 직접 따라 써 보세요!

Unit 1 | 명사

051 이게 히브리어로 뭐지?

잠깐 그림으로 히단어를 연상해 보세요!

잠깐 영어로 히단어를 연상해 보세요!

grace

 **큰소리로 읽으면서 히단어를 꼬옥 외우세요!**

[헤세드]

| 명 | ① 은총(grace)
② 자비, 호의, 친절
③ 충성(loyalty) |

☞ 이 단어는 구약성경에 248번 등장합니다.

 히단어를 직접 따라 써 보세요!

Unit 1 | 명사

052 이게 히브리어로 뭐지?

잠깐 그림으로 히단어를 연상해 보세요!

잠깐 영어로 히단어를 연상해 보세요!

peace

 **큰소리로 읽으면서 히단어를 꼬옥 외우세요!**

[샬롬]

| 명 | ① **평화**(peace)
② 화평
③ 평안, 평강 |

☞ 이 단어는 구약성경에 237번 등장합니다.

 히단어를 직접 따라 써 보세요!

Unit 1 | 명사

 이게 히브리어로 뭐지?

 그림으로 히단어를 연상해 보세요!

 영어로 히단어를 연상해 보세요!

work

 큰소리로 읽으면서 히단어를 꼬옥 외우세요!

[마아쎄]

명 **일**, 만든 것(work, deed)

 이 단어는 구약성경에 235번 등장합니다.

 히단어를 직접 따라 써 보세요!

Unit 1 | 명사

054 이게 히브리어로 뭐지?

잠깐 그림으로 히단어를 연상해 보세요!

잠깐 영어로 히단어를 연상해 보세요!

law

 **큰소리로 읽으면서 히단어를 꼬옥 외우세요!**

תּוֹרָה

[토라]

명
① **율법**(law)
② 교훈, 가르침(instruction)

☞ 이 단어는 구약성경에 220번 등장합니다.

 히단어를 직접 따라 써 보세요!

Unit 1 | 명사

055 이게 히브리어로 뭐지?

잠깐 그림으로 히단어를 연상해 보세요!

잠깐 영어로 히단어를 연상해 보세요!

mother

 **큰소리로 읽으면서 히단어를 꼬옥 외우세요!**

[엠]

| 명 | 어머니(mother) |

☞ 이 단어는 구약성경에 220번 등장합니다.

 히단어를 직접 따라 써 보세요!

אֵם　　　אֵם

אֵם　　　אֵם

אֵם　　　אֵם

אֵם　　　אֵם

Unit 1 | 명사

056 이게 히브리어로 뭐지?

잠깐 그림으로 히단어를 연상해 보세요!

잠깐 영어로 히단어를 연상해 보세요!

angel

 **큰소리로 읽으면서 히단어를 꼬옥 외우세요!**

[말아크]

명 　천사(angel), 사자(messenger)

☞ 이 단어는 구약성경에 213번 등장합니다.

 히단어를 직접 따라 써 보세요!

מַלְאָךְ　　מַלְאָךְ

מַלְאָךְ　　מַלְאָךְ

מַלְאָךְ　　מַלְאָךְ

מַלְאָךְ　　מַלְאָךְ

Unit 1 | 명사

057
이게 히브리어로 뭐지?

잠깐 그림으로 히단어를 연상해 보세요!

잠깐 영어로 히단어를 연상해 보세요!

glory

 큰소리로 읽으면서 히단어를 꼬옥 외우세요!

[카보드]

| 명 | **영광**(glory) |

☞ 이 단어는 구약성경에 200번 등장합니다.

 히단어를 직접 따라 써 보세요!

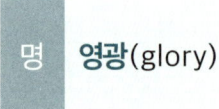

Unit 1 | 명사

058 이게 히브리어로 뭐지?

 그림으로 히단어를 연상해 보세요!

 영어로 히단어를 연상해 보세요!

ark

 **큰소리로 읽으면서 히단어를 꼬옥 외우세요!**

[아론]

 명
① 방주(ark)
② 궤(chest)

☞ 이 단어는 구약성경에 202번 등장합니다.

 히단어를 직접 따라 써 보세요!

Unit 1 | 명사

059   이게 히브리어로 뭐지?

 그림으로 히단어를 연상해 보세요!

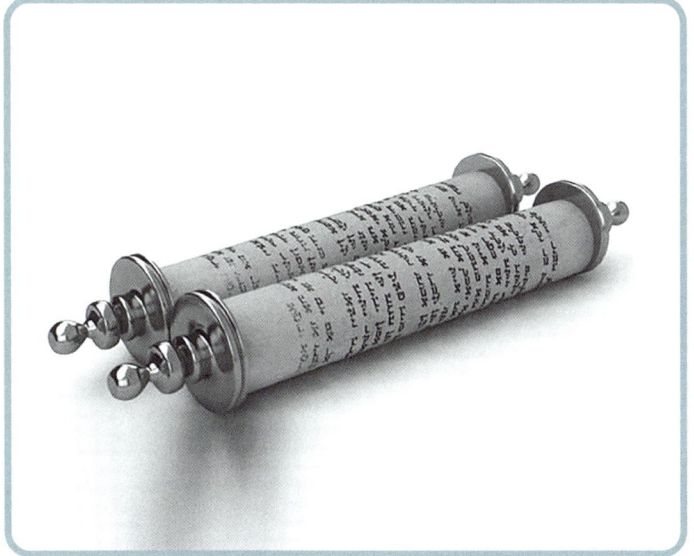

 영어로 히단어를 연상해 보세요!

scroll

 **큰소리로 읽으면서 히단어를 꼭 외우세요!**

[쎄페르]

| 명 | **두루마리**(scroll), **책**(book) |

☞ 이 단어는 구약성경에 185번 등장합니다.

 히단어를 직접 따라 써 보세요!

Unit 1 | 명사

 이게 히브리어로 뭐지?

 그림으로 히단어를 연상해 보세요!

 영어로 히단어를 연상해 보세요!

commandment

 큰소리로 읽으면서 히단어를 꼬옥 외우세요!

[미쯔바]

① 계명(commandment)
② 명령(command)

☞ 이 단어는 구약성경에 181번 등장합니다.

 히단어를 직접 따라 써 보세요!

Unit 1 | 명사

061 이게 히브리어로 뭐지?

 그림으로 히단어를 연상해 보세요!

 영어로 히단어를 연상해 보세요!

congregation

 **큰소리로 읽으면서 히단어를 꼬옥 외우세요!**

[애다]

| 명 | ① 회중(congregation, crowd)
② 증거(witness) |

☞ 이 단어는 구약성경에 175번 등장합니다.

 히단어를 직접 따라 써 보세요!

עֵדָה   עֵדָה

עֵדָה   עֵדָה

עֵדָה   עֵדָה

עֵדָה   עֵדָה

Unit 1 | 명사

062 이게 히브리어로 뭐지?

잠깐 그림으로 히단어를 연상해 보세요!

잠깐 영어로 히단어를 연상해 보세요!

righteousness

 **큰소리로 읽으면서 히단어를 꼬옥 외우세요!**

צְדָקָה

[쩨다카]

명 **의, 공의**(righteousness, justice)

☞ 이 단어는 구약성경에 157번 등장합니다.

 히단어를 직접 따라 써 보세요!

צְדָקָה   צְדָקָה

צְדָקָה   צְדָקָה

צְדָקָה   צְדָקָה

צְדָקָה   צְדָקָה

Unit 1 | 명사

063 이게 히브리어로 뭐지?

잠깐 그림으로 히단어를 연상해 보세요!

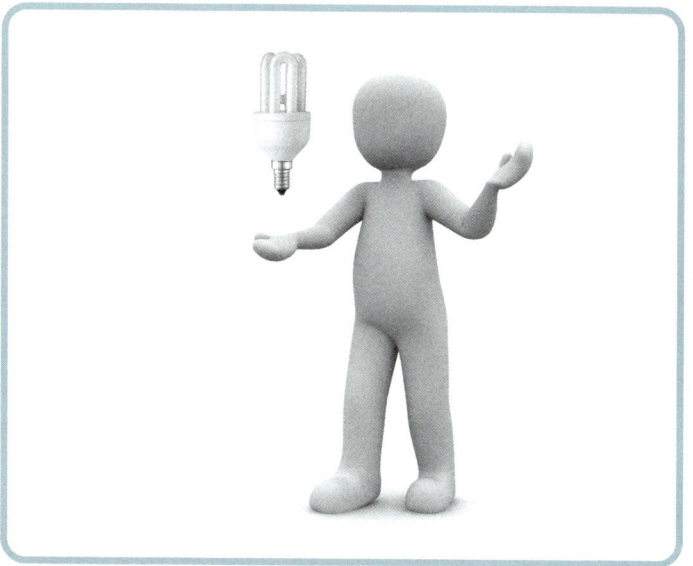

잠깐 영어로 히단어를 연상해 보세요!

wisdom

 큰소리로 읽으면서 히단어를 꼬옥 외우세요!

[호크마]

명 **지혜**(wisdom)

☞ 이 단어는 구약성경에 153번 등장합니다.

 히단어를 직접 따라 써 보세요!

Unit 1 | 명사

064 이게 히브리어로 뭐지?

 그림으로 히단어를 연상해 보세요!

 영어로 히단어를 연상해 보세요!

death

 **큰소리로 읽으면서 히단어를 꼬옥 외우세요!**

[마베트]

명 **죽음**, 사망(death)

☞ 이 단어는 구약성경에 152번 등장합니다.

 히단어를 직접 따라 써 보세요!

Unit 1 | 명사

065 이게 히브리어로 뭐지?

 그림으로 히단어를 연상해 보세요!

 영어로 히단어를 연상해 보세요!

life

 **큰소리로 읽으면서 히단어를 꼬옥 외우세요!**

חַיִּים

[하임]

| 명 | 생명(life) |

☞ 이 단어는 구약성경에 138번 등장합니다.

 **히단어를 직접 따라 써 보세요!**

חַיִּים	חַיִּים
חַיִּים	חַיִּים
חַיִּים	חַיִּים
חַיִּים	חַיִּים

Unit 1 | 명사

אֱמֶת
이게 히브리어로 뭐지?

 그림으로 히단어를 연상해 보세요!

 영어로 히단어를 연상해 보세요!

truth

 큰소리로 읽으면서 히단어를 꼬옥 외우세요!

[에메트]

| 명 | 진리, 진실(truth) |

☞ 이 단어는 구약성경에 127번 등장합니다.

 히단어를 직접 따라 써 보세요!

אֱמֶת　　אֱמֶת

אֱמֶת　　אֱמֶת

אֱמֶת　　אֱמֶת

אֱמֶת　　אֱמֶת

Unit 1 | 명사

이게 히브리어로 뭐지?

그림으로 히단어를 연상해 보세요!

영어로 히단어를 연상해 보세요!

assembly

 큰소리로 읽으면서 히단어를 꼬옥 외우세요!

[카할]

| 명 | 회중, 총회(assembly) |

☞ 이 단어는 구약성경에 123번 등장합니다.

 히단어를 직접 따라 써 보세요!

Unit 1 | 명사

068 이게 히브리어로 뭐지?

 그림으로 히단어를 연상해 보세요!

 영어로 히단어를 연상해 보세요!

light

 **큰소리로 읽으면서 히단어를 꼬옥 외우세요!**

אוֹר

[오르]

| 명 | 빛(light) |

☞ 이 단어는 구약성경에 120번 등장합니다.

 히단어를 직접 따라 써 보세요!

אוֹר   אוֹר

אוֹר   אוֹר

אוֹר   אוֹר

אוֹר   אוֹר

Unit 1 | 명사

069 이게 히브리어로 뭐지?

 그림으로 히단어를 연상해 보세요!

 영어로 히단어를 연상해 보세요!

fruit

 **큰소리로 읽으면서 히단어를 꼬옥 외우세요!**

[페리]

| 명 | ① **열매**, 실과(fruit)
② 소산(produce) |

☞ 이 단어는 구약성경에 119번 등장합니다.

 히단어를 직접 따라 써 보세요!

Unit 1 | 명사

070 이게 히브리어로 뭐지?

 그림으로 히단어를 연상해 보세요!

 영어로 히단어를 연상해 보세요!

kingdom

 큰소리로 읽으면서 히단어를 꼬옥 외우세요!

מַמְלָכָה

[맘라카]

명 **나라**, 왕국(kingdom)

 이 단어는 구약성경에 117번 등장합니다.

 히단어를 직접 따라 써 보세요!

Unit 1 | **명사**

071 이게 히브리어로 뭐지?

잠깐 그림으로 히단어를 연상해 보세요!

잠깐 영어로 히단어를 연상해 보세요!

Sabbath

 **큰소리로 읽으면서 히단어를 꼬옥 외우세요!**

[샤바트]

| 명 | ① **안식**, 휴식(rest)
② **안식일**(Sabbath) |

 이 단어는 구약성경에 111번 등장합니다.

 히단어를 직접 따라 써 보세요!

Unit 1 | 명사

072 이게 히브리어로 뭐지?

 그림으로 히단어를 연상해 보세요!

 영어로 히단어를 연상해 보세요!

joy

 큰소리로 읽으면서 히단어를 꼬옥 외우세요!

[씸하]

명 **기쁨, 즐거움, 희락(joy)**

☞ 이 단어는 구약성경에 94번 등장합니다.

 히단어를 직접 따라 써 보세요!

Unit 1 | 명사

073 이게 히브리어로 뭐지?

 그림으로 히단어를 연상해 보세요!

 영어로 히단어를 연상해 보세요!

power

 **큰소리로 읽으면서 히단어를 꼬옥 외우세요!**

עֹז

[오즈]

 명 | 힘, 능력(power)

☞ 이 단어는 구약성경에 93번 등장합니다.

 히단어를 직접 따라 써 보세요!

עֹז   עֹז

עֹז   עֹז

עֹז   עֹז

עֹז   עֹז

Unit 1 | 명사

074 이게 히브리어로 뭐지?

잠깐 그림으로 히단어를 연상해 보세요!

잠깐 영어로 히단어를 연상해 보세요!

kingdom

 큰소리로 읽으면서 히단어를 꼬옥 외우세요!

מַלְכוּת

[말쿠트]

 명
① **나라**, 왕국(kingdom)
② 지배, 통치(reign)

☞ 이 단어는 구약성경에 91번 등장합니다.

 히단어를 직접 따라 써 보세요!

מַלְכוּת   מַלְכוּת

מַלְכוּת   מַלְכוּת

מַלְכוּת   מַלְכוּת

מַלְכוּת   מַלְכוּת

Unit 1 | 명사

075 이게 히브리어로 뭐지?

 그림으로 히단어를 연상해 보세요!

 영어로 히단어를 연상해 보세요!

child

 **큰소리로 읽으면서 히단어를 꼬옥 외우세요!**

[옐레드]

명
① **아이**(child, boy)
② **아들**, 자식(son)

 이 단어는 구약성경에 89번 등장합니다.

 히단어를 직접 따라 써 보세요!

Unit 1 | 명사

076 이게 히브리어로 뭐지?

 그림으로 히단어를 연상해 보세요!

 영어로 히단어를 연상해 보세요!

Salvation

 큰소리로 읽으면서 히단어를 꼬옥 외우세요!

יְשׁוּעָה

[예슈아]

 명   **구원**(Salvation)

☞ 이 단어는 구약성경에 78번 등장합니다.

 히단어를 직접 따라 써 보세요!

יְשׁוּעָה	יְשׁוּעָה
יְשׁוּעָה	יְשׁוּעָה
יְשׁוּעָה	יְשׁוּעָה
יְשׁוּעָה	יְשׁוּעָה

Unit 1 | 명사

077 이게 히브리어로 뭐지?

 그림으로 히단어를 연상해 보세요!

 영어로 히단어를 연상해 보세요!

prayer

 **큰소리로 읽으면서 히단어를 꼬옥 외우세요!**

[테필라]

| 명 | 기도(prayer) |

☞ 이 단어는 구약성경에 77번 등장합니다

 히단어를 직접 따라 써 보세요!

תְּפִלָּה　　תְּפִלָּה

תְּפִלָּה　　תְּפִלָּה

תְּפִלָּה　　תְּפִלָּה

תְּפִלָּה　　תְּפִלָּה

Unit 1 | 명사

078 이게 히브리어로 뭐지?

 그림으로 히단어를 연상해 보세요!

 영어로 히단어를 연상해 보세요!

beginning

 **큰소리로 읽으면서 히단어를 꼬옥 외우세요!**

רֵאשִׁית

[레쉬트]

명 처음, 시작(beginning)

☞ 이 단어는 구약성경에 51번 등장합니다.

 히단어를 직접 따라 써 보세요!

רֵאשִׁית	רֵאשִׁית
רֵאשִׁית	רֵאשִׁית
רֵאשִׁית	רֵאשִׁית
רֵאשִׁית	רֵאשִׁית

Unit 1 | 명사

079 이게 히브리어로 뭐지?

잠깐 그림으로 히단어를 연상해 보세요!

잠깐 영어로 히단어를 연상해 보세요!

food

 **큰소리로 읽으면서 히단어를 꼬옥 외우세요!**

[오켈]

| 명 | **음식(food)** |

☞ 이 단어는 구약성경에 38번 등장합니다.

 히단어를 직접 따라 써 보세요!

אֹכֶל　　אֹכֶל

אֹכֶל　　אֹכֶל

אֹכֶל　　אֹכֶל

אֹכֶל　　אֹכֶל

Unit 1 | 명사

080 이게 히브리어로 뭐지?

잠깐 그림으로 히단어를 연상해 보세요!

잠깐 영어로 히단어를 연상해 보세요!

love

 **큰소리로 읽으면서 히단어를 꼬옥 외우세요!**

[아하바]

| 명 | 사랑(love) |

☞ 이 단어는 구약성경에 34번 등장합니다.

 히단어를 직접 따라 써 보세요!

명사 필수단어80개 암기표

1	יְהוָה	16	עַיִן
2	בֵּן	17	שָׁנָה
3	מֶלֶךְ	18	לֵבָב / לֵב
4	אֱלֹהִים	19	שֵׁם
5	יִשְׂרָאֵל	20	עֶבֶד
6	אֶרֶץ	21	אִשָּׁה
7	יוֹם	22	אָדוֹן
8	אִישׁ	23	נֶפֶשׁ
9	פָּנֶה	24	כֹּהֵן
10	בַּיִת	25	דֶּרֶךְ
11	עַם	26	יְרוּשָׁלַיִם
12	יָד	27	אָח
13	דָּבָר	28	רֹאשׁ
14	אָב	29	בַּת
15	עִיר	30	מַיִם

31	אָדָם	48	חַטָּאת
32	הַר	49	בְּרִית
33	גּוֹי	50	בָּשָׂר
34	קוֹל	51	חֶסֶד
35	קֹדֶשׁ	52	שָׁלוֹם
36	מִשְׁפָּט	53	מַעֲשֶׂה
37	שָׁמַיִם	54	תּוֹרָה
38	אַף	55	אֵם
39	מִזְבֵּחַ	56	מַלְאָךְ
40	יָם	57	כָּבוֹד
41	רוּחַ	58	אָרוֹן
42	דָּם	59	סֵפֶר
43	רֵעָה	60	מִצְוָה
44	אֹהֶל	61	עֵדָה
45	מִלְחָמָה	62	צְדָקָה
46	נָבִיא	63	חָכְמָה
47	עֵת	64	מָוֶת

Unit 1 | 명사

65	חַיִּים	73	עֹז
66	אֱמֶת	74	מַלְכוּת
67	קָהָל	75	יֶלֶד
68	אוֹר	76	יְשׁוּעָה
69	פְּרִי	77	תְּפִלָּה
70	מַמְלָכָה	78	רֵאשִׁית
71	שַׁבָּת	79	אֹכֶל
72	שִׂמְחָה	80	אַהֲבָה

Unit 2

형용사

필수단어 10개 암기

Unit 2 | 형용사

081 이게 히브리어로 뭐지?

 그림으로 히단어를 연상해 보세요!

 영어로 히단어를 연상해 보세요!

all

 **큰소리로 읽으면서 히단어를 꼬옥 외우세요!**

כֹּל

[콜]

| 형 | ① **모든**(all)
② **각각의**, 매(每)(every) |

☞ 이 단어는 구약성경에 5412번 등장합니다.

 히단어를 직접 따라 써 보세요!

Unit 2 | 형용사

082 이게 히브리어로 뭐지?

잠깐 그림으로 히단어를 연상해 보세요!

잠깐 영어로 히단어를 연상해 보세요!

good

 **큰소리로 읽으면서 히단어를 꼬옥 외우세요!**

טוֹב

[토브]

| 형 | ① 좋은, 선한(good)
② 즐거운(pleasant) |

☞ 이 단어는 구약성경에 539번 등장합니다.

 히단어를 직접 따라 써 보세요!

טוֹב   טוֹב

טוֹב   טוֹב

טוֹב   טוֹב

טוֹב   טוֹב

Unit 2 | 형용사

083 이게 히브리어로 뭐지?

 그림으로 히단어를 연상해 보세요!

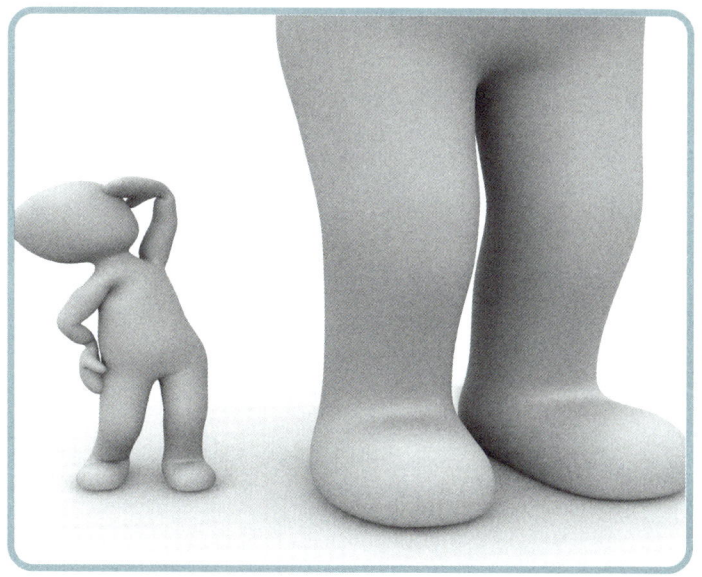

 영어로 히단어를 연상해 보세요!

large

 **큰소리로 읽으면서 히단어를 꼬옥 외우세요!**

[가돌]

| 형 | ① 큰, 거대한(large)
② 위대한(great) |

☞ 이 단어는 구약성경에 523번 등장합니다.

 히단어를 직접 따라 써 보세요!

גָּדוֹל　　גָּדוֹל

גָּדוֹל　　גָּדוֹל

גָּדוֹל　　גָּדוֹל

גָּדוֹל　　גָּדוֹל

Unit 2 | 형용사

084 이게 히브리어로 뭐지?

잠깐 그림으로 히단어를 연상해 보세요!

잠깐 영어로 히단어를 연상해 보세요!

many

 큰소리로 읽으면서 히단어를 꼬옥 외우세요!

רַב

[라브]

형 많은(many, much)

☞ 이 단어는 구약성경에 452번 등장합니다.

 히단어를 직접 따라 써 보세요!

רַב	רַב
רַב	רַב
רַב	רַב
רַב	רַב

Unit 2 | 형용사

085 이게 히브리어로 뭐지?

 그림으로 히단어를 연상해 보세요!

 영어로 히단어를 연상해 보세요!

bad

 **큰소리로 읽으면서 히단어를 꼬옥 외우세요!**

[라]

| 형 | 악한(evil), 나쁜(bad) |

☞ 이 단어는 구약성경에 297번 등장합니다.

 히단어를 직접 따라 써 보세요!

Unit 2 | 형용사

086 이게 히브리어로 뭐지?

 그림으로 히단어를 연상해 보세요!

 영어로 히단어를 연상해 보세요!

righteous

 **큰소리로 읽으면서 히단어를 꼬옥 외우세요!**

צַדִּיק

[짜디크]

형 : 의로운, 옳은(righteous)

☞ 이 단어는 구약성경에 206번 등장합니다.

 히단어를 직접 따라 써 보세요!

צַדִּיק	צַדִּיק
צַדִּיק	צַדִּיק
צַדִּיק	צַדִּיק
צַדִּיק	צַדִּיק

Unit 2 | 형용사

087 이게 히브리어로 뭐지?

 그림으로 히단어를 연상해 보세요!

 영어로 히단어를 연상해 보세요!

other

 **큰소리로 읽으면서 히단어를 꼬옥 외우세요!**

אַחֵר

[아헤르]

| 형 | 다른(other) |

☞ 이 단어는 구약성경에 167번 등장합니다.

 히단어를 직접 따라 써 보세요!

אַחֵר   אַחֵר

אַחֵר   אַחֵר

אַחֵר   אַחֵר

אַחֵר   אַחֵר

Unit 2 | 형용사

088 이게 히브리어로 뭐지?

 그림으로 히단어를 연상해 보세요!

 영어로 히단어를 연상해 보세요!

holy

 **큰소리로 읽으면서 히단어를 꼬옥 외우세요!**

קָדוֹשׁ

[카도쉬]

| 형 | **거룩한**, 신성한(holy, sacred) |

 이 단어는 구약성경에 116번 등장합니다.

 히단어를 직접 따라 써 보세요!

קָדוֹשׁ	קָדוֹשׁ
קָדוֹשׁ	קָדוֹשׁ
קָדוֹשׁ	קָדוֹשׁ
קָדוֹשׁ	קָדוֹשׁ

Unit 2 | 형용사

 이게 히브리어로 뭐지?

 그림으로 히단어를 연상해 보세요!

 영어로 히단어를 연상해 보세요!

new

 **큰소리로 읽으면서 히단어를 꼬옥 외우세요!**

[하다쉬]

| 형 | ① 새로운(new)
② 신선한(fresh) |

☞ 이 단어는 구약성경에 53번 등장합니다.

 히단어를 직접 따라 써 보세요!

Unit 2 | 형용사

090 이게 히브리어로 뭐지?

잠깐 그림으로 히단어를 연상해 보세요!

잠깐 영어로 히단어를 연상해 보세요!

complete

 큰소리로 읽으면서 히단어를 꼬옥 외우세요!

שָׁלֵם

[샬렘]

| 형 | **온전한**(whole), **완전한**(complete) |

☞ 이 단어는 구약성경에 30번 등장합니다.

 히단어를 직접 따라 써 보세요!

שָׁלֵם   שָׁלֵם

שָׁלֵם   שָׁלֵם

שָׁלֵם   שָׁלֵם

שָׁלֵם   שָׁלֵם

형용사 필수단어80개 암기표

1	כֹּל	6	צַדִּיק
2	טוֹב	7	אַחֵר
3	גָּדוֹל	8	קָדוֹשׁ
4	רַב	9	חָדָשׁ
5	רַע	10	שָׁלֵם

Unit 3

필수단어 10개 암기

Unit 3 | 부사

091 이게 히브리어로 뭐지?

 그림으로 히단어를 연상해 보세요!

 영어로 히단어를 연상해 보세요!

there

 큰소리로 읽으면서 히단어를 꼬옥 외우세요!

[샴]

| 부 | **거기**, 그곳에(there, in that place) |

☞ 이 단어는 구약성경에 834번 등장합니다.

 히단어를 직접 따라 써 보세요!

Unit 3 | 부사

092 이게 히브리어로 뭐지?

 그림으로 히단어를 연상해 보세요!

 영어로 히단어를 연상해 보세요!

also

 큰소리로 읽으면서 히단어를 꼬옥 외우세요!

[감]

| 형 | ① **또한**, 역시(also)
② 게다가, 더욱이(moreover) |

☞ 이 단어는 구약성경에 769번 등장합니다.

 히단어를 직접 따라 써 보세요!

Unit 3 | 부사

093

이게 히브리어로 뭐지?

그림으로 히단어를 연상해 보세요!

영어로 히단어를 연상해 보세요!

again

 큰소리로 읽으면서 히단어를 꼬옥 외우세요!

עוֹד

[오드]

| 부 | ① 다시(again)
② 아직도, 여전히(yet, still) |

 이 단어는 구약성경에 490번 등장합니다.

 히단어를 직접 따라 써 보세요!

עוֹד	עוֹד
עוֹד	עוֹד
עוֹד	עוֹד
עוֹד	עוֹד

Unit 3 | 부사

 이게 히브리어로 뭐지?

 그림으로 히단어를 연상해 보세요!

 영어로 히단어를 연상해 보세요!

now

 **큰소리로 읽으면서 히단어를 꼬옥 외우세요!**

עַתָּה

[앗타]

| 부 | **지금**, 이제(now) |

☞ 이 단어는 구약성경에 433번 등장합니다.

 히단어를 직접 따라 써 보세요!

עַתָּה   עַתָּה

עַתָּה   עַתָּה

עַתָּה   עַתָּה

עַתָּה   עַתָּה

Unit 3 | 부사

095 이게 히브리어로 뭐지?

 그림으로 히단어를 연상해 보세요!

 영어로 히단어를 연상해 보세요!

very

 큰소리로 읽으면서 히단어를 꼬옥 외우세요!

מְאֹד

[메오드]

| 부 | 매우(very) |

☞ 이 단어는 구약성경에 300번 등장합니다.

 히단어를 직접 따라 써 보세요!

מְאֹד   מְאֹד

מְאֹד   מְאֹד

מְאֹד   מְאֹד

מְאֹד   מְאֹד

Unit 3 | 부사

096 이게 히브리어로 뭐지?

잠깐 그림으로 히단어를 연상해 보세요!

잠깐 영어로 히단어를 연상해 보세요!

why?

 **큰소리로 읽으면서 히단어를 꼬옥 외우세요!**

[람마]

| 부 | (의문부사) **왜?**(why?) |

☞ 이 단어는 구약성경에 178번 등장합니다

 히단어를 직접 따라 써 보세요!

Unit 3 | 부사

097 이게 히브리어로 뭐지?

 그림으로 히단어를 연상해 보세요!

 영어로 히단어를 연상해 보세요!

then

 **큰소리로 읽으면서 히단어를 꼬옥 외우세요!**

[아즈]

| 부 | ① 그때에(then)
② 이전에는(formerly)
③ 그 후로(since) |

☞ 이 단어는 구약성경에 141번 등장합니다.

 히단어를 직접 따라 써 보세요!

Unit 3 | 부사

098 이게 히브리어로 뭐지?

잠깐 그림으로 히단어를 연상해 보세요!

잠깐 영어로 히단어를 연상해 보세요!

when?

 큰소리로 읽으면서 히단어를 꼬옥 외우세요!

[마타이]

| 부 | (의문부사) **언제?**(when?) |

☞ 이 단어는 구약성경에 43번 등장합니다.

 히단어를 직접 따라 써 보세요!

Unit 3 | 부사

100 이게 히브리어로 뭐지?

 그림으로 히단어를 연상해 보세요!

 영어로 히단어를 연상해 보세요!

truely

 **큰소리로 읽으면서 히단어를 꼬옥 외우세요!**

[아멘]

| 부 | 참으로, 진실로(truly) |

☞ 이 단어는 구약성경에 30번 등장합니다.

 히단어를 직접 따라 써 보세요!

부사 필수단어 80개 암기표

1	שָׁם	6	לָמָּה
2	גַּם	7	אָז
3	עוֹד	8	מָתַי
4	עַתָּה	9	אֵי
5	מְאֹד	10	אָמֵן

제2부

백백백
알파벳 순서 히단어 암기

제2부 | 백백백 알파벳 순서 히단어 암기

	단어	품사	의미(영어)	빈도수
1	אָב [아브]	명	① 아버지(father) ② 조상, 선조(ancestor)	1210
2	אָדָם [아담]	명	① 아담(Adam) ② 사람(man), 인류(mankind)	562
3	אָדוֹן [아돈]	명	① 주님(Lord) ② 주, 주인(lord, master)	773
4	אַהֲבָה [아하바]	명	사랑(love)	34
5	אֹהֶל [오헬]	명	장막, 회막(tent)	346
6	אוֹר [오르]	명	빛(light)	120
7	אָז [아즈]	부	① 그때에(then) ② 이전에는(formerly) ③ 그 후로(since)	141
8	אָח [아흐]	명	형제, 형, 동생(brother)	632
9	אַחֵר [아헤르]	형	다른(other)	167
10	אֵי [에]	부	(의문부사) 어디에?(where?)	32

	단어	품사	의미(영어)	빈도수
11	אִישׁ [이쉬]	명	① 남자(man), 사람 ② 남편(husband)	2185
12	אֹכֶל [오켈]	명	음식(food)	38
13	אֱלֹהִים [엘로힘]	명	① 하나님(God) ② 신들(gods)	2600
14	אֵם [엠]	명	어머니(mother)	220
15	אָמֵן [아멘]	부	참으로, 진실로(truly)	30
16	אֱמֶת [에메트]	명	진리, 진실(truth)	127
17	אַף [아프]	명	① 코(nose) ② 분노(wrath)	414
18	אָרוֹן [아론]	명	① 방주(ark) ② 궤(chest)	202
19	אֶרֶץ [에레쯔]	명	땅(earth, land)	2504
20	אִשָּׁה [잇샤]	명	① 여자(woman) ② 아내, 부인(wife)	781

제2부 | 백백백 알파벳 순서 히단어 암기

	단어	품사	의미(영어)	빈도수
21	בֵּן [벤]	명	① 아들(son) ② 자손, 후손 　(descendant)	4932
22	בַּיִת [바이트]	명	집(house)	2050
23	בְּרִית [베리트]	명	계약, 언약 (covenant)	284
24	בַּת [바트]	명	딸(daughter)	597
25	בָּשָׂר [바싸르]	명	① 살, 육체(flesh) ② 고기(meat)	270

ג

	단어	품사	의미(영어)	빈도수
26	גָּדוֹל [가돌]	형	① 큰, 거대한(large) ② 위대한(great)	523
27	גַּם [감]	부	① **또한**, 역시(also) ② 게다가, 더욱이(moreover)	769
28	גּוֹי [고이]	명	① **민족**, 나라(nation), ② 이방민족(gentile)	554

ד

	단어	품사	의미(영어)	빈도수
29	דָּבָר [다바르]	명	① 말씀, 말(word) ② 일(affair), 사건(thing)	1442
30	דָּם [담]	명	피(blood)	360
31	דֶּרֶךְ [데레크]	명	① 길(way) ② 여행(journey)	706

제2부 | 백백백 알파벳 순서 히단어 암기

	단어	품사	의미(영어)	빈도수
32	הַר [하르]	명	① 산(mountain) ② 언덕(hill)	558

	단어	품사	의미(영어)	빈도수
33	חָדָשׁ [하다쉬]	형	① 새로운(new) ② 신선한(fresh)	53
34	חַטָּאת [핫타트]	명	① 죄(sin) ② 속죄제(sin offering)	293
35	חַיִּים [하임]	명	생명(life)	138
36	חָכְמָה [호크마]	명	지혜(wisdom)	153
37	חֶסֶד [헤쎄드]	명	① 은총(grace) ② 자비, 호의, 친절 ③ 충성(loyalty)	248

	단어	품사	의미(영어)	빈도수
38	טוֹב [토브]	형	① 좋은, 선한(good) ② 즐거운(pleasant)	539

	단어	품사	의미(영어)	빈도수
39	יָד [야드]	명	손(hand)	1617
40	יהוה [아도나이]	명	① 여호와, 야훼(YHWH) ② 주(LORD)	6828
41	יוֹם [욤]	명	① 날, 낮(day) ② 때, 시대(time)	2300
42	יֶלֶד [엘레드]	명	① 아이(child, boy) ② 아들, 자식(son)	89
43	יָם [얌]	명	바다(sea)	396

제2부 | 백백백 알파벳 순서 히단어 암기

	단어	품사	의미(영어)	빈도수
44	יְרוּשָׁלַיִם [예루살라임]	명	예루살렘 (Jerusalem)	643
45	יִשְׂרָאֵל [이쓰라엘]	명	이스라엘(Israel)	2506
46	יְשׁוּעָה [예슈아]	명	구원(Salvation)	78

	단어	품사	의미(영어)	빈도수
47	כָּבוֹד [카보드]	명	영광(glory)	200
48	כֹּהֵן [코헨]	명	제사장(priest)	750
49	כֹּל [콜]	형	① 모든(all) ② 각각의, 매(每)(every)	5412

	단어	품사	의미(영어)	빈도수
50	לֵבָב / לֵב [레브/레바브]	명	마음, 심장(heart)	852
51	לָמָּה [람마]	부	(의문부사) 왜?(why?)	178

	단어	품사	의미(영어)	빈도수
52	מְאֹד [메오드]	부	매우(very)	300
53	מָוֶת [마베트]	명	죽음, 사망(death)	152
54	מִזְבֵּחַ [미즈베아흐]	명	제단(altar)	401
55	מַיִם [마임]	명	물(water)	580

56	מַלְאָךְ [말아크]	명	**천사**(angel), 사자(messenger)	213
57	מִלְחָמָה [밀하마]	명	**전쟁**(war)	319
58	מַלְכוּת [말쿠트]	명	① **나라**, 왕국(kingdom) ② 지배, 통치(reign)	91
59	מֶלֶךְ [멜레크]	명	① **왕**(king) ② 통치자(ruler)	2528
60	מַמְלָכָה [맘라카]	명	**나라**, 왕국(kingdom)	117
61	מַעֲשֶׂה [마아쎄]	명	**일**, 만든 것(work, deed)	235
62	מִצְוָה [미쯔바]	명	① **계명**(commandment) ② 명령(command)	181
63	מָתַי [마타이]	부	(의문부사) **언제?**(when?)	43
64	מִשְׁפָּט [미쉬파트]	명	① **심판**(judgement), 재판 ② 관습(custom)	421

	단어	품사	의미(영어)	빈도수
65	נָבִיא [나비]	명	선지자, 예언자(prophet)	316
66	נֶפֶשׁ [네페쉬]	명	① (영)혼(soul) ② 목숨, 생명(life)	754

	단어	품사	의미(영어)	빈도수
67	סֵפֶר [쌔페르]	명	두루마리(scroll), 책(book)	185

제2부 | 백백백 알파벳 순서 히단어 암기

	단어	품사	의미(영어)	빈도수
68	עֶבֶד [에베드]	명	종(servant), 노예(slave)	806
69	עֵדָה [에다]	명	① 회중(congregation, crowd) ② 증거(witness)	175
70	עוֹד [오드]	부	① 다시(again) ② 아직도, 여전히(yet, still)	490
71	עֹז [오즈]	명	힘, 능력(power)	93
72	עַיִן [아인]	명	① 눈(eye) ② 샘(fountain)	890
73	עִיר [이르]	명	도시, 성(city, town)	1092
74	עַם [암]	명	① 백성(people) ② 민족(nation)	1867
75	עֵת [에트]	명	시간, 때(time)	296
76	עַתָּה [앗타]	부	지금, 이제(now)	433

	단어	품사	의미(영어)	빈도수
77	פָּנֶה [파네]	명	① 얼굴(face) ② 앞, 정면, **면전**(front)	2126
78	פְּרִי [페리]	명	① 열매, 실과(fruit) ② 소산(produce)	119

	단어	품사	의미(영어)	빈도수
79	צַדִּיק [짜디크]	형	의로운, 옳은 (righteous)	206
80	צְדָקָה [쩨다카]	명	의, 공의 (righteousness, justice)	157

제2부 | 백백백 알파벳 순서 히단어 암기

	단어	품사	의미(영어)	빈도수
81	קָדוֹשׁ [카도쉬]	형	**거룩한**, 신성한 (holy, sacred)	116
82	קֹדֶשׁ [코데쉬]	명	**거룩**(holiness)	469
83	קָהָל [카할]	명	**회중**, 총회 (assembly)	123
84	קוֹל [콜]	명	**(목)소리**, 음성(sound, voice)	505

	단어	품사	의미(영어)	빈도수
85	רֹאשׁ [로쉬]	명	① **머리**(head) ② 우두머리(chief) ③ 꼭대기(top)	612
86	רֵאשִׁית [레쉬트]	명	**처음**, 시작 (beginning)	51

87	רַב [라브]	형	많은(many, much)	452
88	רוּחַ [루아흐]	명	① 영, 영혼(spirit) ② 호흡(breath) ③ 바람(wind)	378
89	רַע [라]	형	악한(evil), 나쁜(bad)	297
90	רָעָה [라아]	명	① 악(evil) ② 재앙(disaster)	354

	단어	품사	의미(영어)	빈도수
91	שִׂמְחָה [씸하]	명	기쁨, 즐거움, 희락(joy)	94
92	שַׁבָּת [샤바트]	명	① 안식, 휴식(rest) ② 안식일(Sabbath)	111
93	שָׁלוֹם [샬롬]	명	① 평화(peace) ② 화평 ③ 평안, 평강	237
94	שָׁלֵם [샬렘]	형	온전한(whole), 완전한(complete)	30

제2부 | 백백백 알파벳 순서 히단어 암기

	단어	품사	의미(영어)	빈도수
95	שָׁם [샴]	부	**거기**, 그곳에 (there, in that place)	834
96	שֵׁם [쉠]	명	① **이름**(name) ② 셈(Shem), 노아의 아들	881
97	שָׁמַיִם [샤마임]	명	**하늘**(heaven)	421
98	שָׁנָה [샤나]	명	**해, 년**(year)	875

	단어	품사	의미(영어)	빈도수
99	תּוֹרָה [토라]	명	① **율법**(law) ② 교훈, 가르침 (instruction)	220
100	תְּפִלָּה [테필라]	명	**기도**(prayer)	77

부록

백백백

히단어 암기표

❶ 명사 필수단어 80개 암기표

1	יְהוָה	14	אָב
2	בֵּן	15	עִיר
3	מֶלֶךְ	16	עַיִן
4	אֱלֹהִים	17	שָׁנָה
5	יִשְׂרָאֵל	18	לֵבָב / לֵב
6	אֶרֶץ	19	שֵׁם
7	יוֹם	20	עֶבֶד
8	אִישׁ	21	אִשָּׁה
9	פָּנֶה	22	אָדוֹן
10	בַּיִת	23	נֶפֶשׁ
11	עַם	24	כֹּהֵן
12	יָד	25	דֶּרֶךְ
13	דָּבָר	26	יְרוּשָׁלַיִם

27	אָח	41	רוּחַ
28	רֹאשׁ	42	דָּם
29	בַּת	43	רָעָה
30	מַיִם	44	אֹהֶל
31	אָדָם	45	מִלְחָמָה
32	הַר	46	נָבִיא
33	גּוֹי	47	עֵת
34	קוֹל	48	חַטָּאת
35	קֹדֶשׁ	49	בְּרִית
36	מִשְׁפָּט	50	בָּשָׂר
37	שָׁמַיִם	51	חֶסֶד
38	אַף	52	שָׁלוֹם
39	מִזְבֵּחַ	53	מַעֲשֶׂה
40	יָם	54	תּוֹרָה

55	אִם	68	אוֹר
56	מַלְאָךְ	69	פְּרִי
57	כָּבוֹד	70	מַמְלָכָה
58	אֲרוֹן	71	שַׁבָּת
59	סֵפֶר	72	שִׂמְחָה
60	מִצְוָה	73	עֹז
61	עֵדָה	74	מַלְכוּת
62	צְדָקָה	75	יֶלֶד
63	חָכְמָה	76	יְשׁוּעָה
64	מָוֶת	77	תְּפִלָּה
65	חַיִּים	78	רֵאשִׁית
66	אֱמֶת	79	אֹכֶל
67	קָהָל	80	אַהֲבָה

❷ 형용사 필수단어 10개 암기표

1	כֹּל	6	צַדִּיק
2	טוֹב	7	אַחֵר
3	גָּדוֹל	8	קָדוֹשׁ
4	רַב	9	חָדָשׁ
5	רַע	10	שָׁלֵם

❸ 부사 필수단어 10개 암기표

1	שָׁם	6	לָמָּה
2	גַּם	7	אָז
3	עוֹד	8	מָתַי
4	עַתָּה	9	אֵי
5	מְאֹד	10	אָמֵן

참고도서

Andersen, F. I., and A. D. Forbes. *The Vocabulary of the Old Testament*. Rome: Pontifical Biblical Institute, 1992.

Brown, F., S. R. Driver, and C. A. Briggs. *The New Brown-Driver-Briggs-Gesenuus Hebrew and English Lexicon*. Peabody: Hendrickson, 1979.

Holladay, W. L. *A Concise Hebrew and Aramaic Lexicon of the Old Testament*. Grand Rapids: Eerdmans, 1988.

Koehler, L., Baumgartner, and J. Stamm. *The Hebrew and Aramaic Lexicon of the Old Testament*. Vol I(א-מ). Translated and edited by M. E. J. Richardson. Leiden: E. J. Brill, 2001.

Koehler, L., Baumgartner, and J. Stamm. *The Hebrew and Aramaic Lexicon of the Old Testament*. Vol II(ם-ת). Translated and edited by M. E. J. Richardson. Leiden: Brill, 2001.

Landes, G. M. *Building Your Hebrew Vocabulary: Learning Words by Frequency and Cognate*. Atlanta: Society of biblical Lierature, 2001.

Miles V. Van Pelt and Gary d. Pratico. *The Vocabulary Guide to Biblical Hebrew*. Grand Rapids: Zondervan, 2003.

Mitchel, L. A. *A Student's Vocabulary for Biblical Hebrew and Aramaic*. Grand Rapids: Zondervan, 1984.

VanGemeren, W. A., ed. *The New International Dictionary of the Old Testament Theoloy and Exegesis*. Grand Rapids: Zondervan, 1997.

Watts, J. D. W. *Lists of Words Occurring Frequently in the Hebrew Bible*. Second edition. Leiden: Brill, 1989.

손종희, 『손종희 히브리어: 구약 필수 히단어』. 서울: CLC, 2015.

CLC 도서소개

헬라어 시리즈

1. 신약 성서 헬라어 완성
워드 파워스 지음 | 김근수 옮김 |
사륙배판 | 454면 | 10,000원

2. 신약 헬라어
J. G. 메이천 & D. G. 멕카트니 지음
김근수 옮김 | 국판변형 | 413면 | 15,000원

3. 헬라어 강독의 원리와 실제
송영목 지음 | 신국판 | 158면 |
10,000원

4. 개역성경과 헬라어 표준원문 비교연구
한종수 지음 | 신국판 | 224면 | 4,500원

5. 헬라어 성경 읽기 가이드
벤자민 L. 머클, 로버트 L. 플러머
이기운 지음 | 국판변형 | 256면 |
13,000원

6. 성경 헬라어의 기본 원리
배종열 지음 | 신국판 | 216면 |
12,000원

7. 유복곤 헬라어 신약 필수 헬단어
유복곤 지음 | 사륙변형 | 184면 |
10,000원

8. 유복곤 헬라어:
백백백 이미지 헬단어 1권
유복곤 지음 | 국판변형 | 240면 |
11,000원

9. 유복곤 헬라어:
백백백 이미지 헬단어 2권
유복곤 지음 | 국판변형 | 248면 |
11,000원

히브리어 시리즈

1. 구약 성서 히브리어 완성
J. 와인그린 지음 | 김재관 옮김 |
사륙배판 | 404면 | 18,000원

2. 구약 히브리어
신득일 지음 | 사륙배판 | 302면 |
18,000원

3. 구약성서 히브리어 시작하기
마크 D. 푸타토 지음 | 김정훈 옮김 |
사륙배판 | 376면 | 25,000원

4. 성경 히브리어 문법
 (A Grammar of Biblical Hebrew)
안영복 지음 | 국판 변형 | 232면 |
3,500원

5. 히브리어로 꼭꼭 씹어 창세기
윤창대 지음 | 신국판 | 284면 |
15,000원

6. 손종희 히브리어 구약 필수 히단어
손종희 지음 | 사륙변형 | 184 | 10,000원

7. 손종희 히브리어 백백백 이미지 히단어
손종희 지음 | 국판변형 | 240 | 11,000원